L'ESPRIT

NOUVEAU.

L'ESPRIT

NOUVEAU.

VŒUX D'UN CITOYEN,

PAR C. A. DANDRAUT,

AVOCAT.

PARIS,

IMPRIMERIE DE GERDÈS,
RUE SAINT-GERMAIN-DES-PRES, 10.

1848

L'ESPRIT NOUVEAU.

VŒUX D'UN CITOYEN

Dans les circonstances solennelles, solennelles surtout comme celles d'aujourd'hui, le citoyen doit se montrer. S'abstenir en pareil cas n'est pas seulement une lâcheté, c'est un crime.

La confiance attire la confiance : il faut que le peuple en donne le premier exemple.

En conservant ses armes, qu'il abatte ses barricades. S'il en était besoin, elles seraient promptement redressées

Que la bourgeoisie, que les marchands ouvrent leurs maisons; que tout dans la rue rentre dans l'ordre accoutumé. La révolution sur la place publique, c'est le désordre. Qu'elle soit seulement dans les esprits et au fond des cœurs. Que le peuple demande l'ouverture des boutiques, mais sans violence. Qu'il montre de la douceur aujourd'hui dans toutes les occasions. Qu'il prouve qu'il ne sait pas seulement être un énergique, un héroïque soldat, mais encore qu'il sait vivre au milieu des citoyens, qu'il est digne d'y prendre rang. L'instruction lui manque encore, mais elle ne lui est pas moins due que son pain : on lui doit les moyens de se procurer l'une et l'autre. Il les aura. Déjà, autour des barricades, on lui a vu montrer cette bonté franche et généreuse qui est le fond de la politesse aimée par les honnêtes gens, de la vraie politesse, la plus exquise, de celle qui vient du cœur.

Que la bourgeoisie se rassure donc. Pourquoi ces bruits sinistres? pourquoi ces quelques visages épouvantés?

Que craignez-vous d'un peuple qui a prêté des moyens de fuite à un roi qui l'avait si indignement récompensé du don d'une couronne acquise au prix de tant de sang?

Que craignez-vous d'un peuple qui embrasse, après

la victoire, deux cents gardes municipaux désarmés ? Embrasser des ennemis qui avaient soulevé tant de justes colères, quel spectacle sublime !

Quoi de plus beau encore que ce Christ arraché des Tuileries pour être porté à l'église Saint-Roch, comme s'il eût dû souffrir de ces scènes de désordre qu'a nécessitées une trop juste vengeance !

Rassurez-vous, rassurez-vous. Ce peuple ne se plaît que dans l'accomplissement de grandes et saintes choses. Auriez-vous des craintes sur votre propriété, rassurez-vous, elle ne sera point violée. Les malheureux que vous craignez savent trop bien avec combien de peine, en général, elle a pu être acquise. A ce titre, elle est sacrée et elle doit être respectée. Celle qui a une origine moins légitime peut-être ne sera pas recherchée. Rassurez-vous, le peuple qui tue les hommes de pillage ne peut avoir le goût du pillage. Que craignez-vous encore ? le communisme ? rassurez-vous : c'est une erreur dont quelques citoyens aussi intelligents que généreux doivent revenir. Ils demandent la discussion. Est-ce que vous voudriez accepter d'un citoyen une part quelconque de sa fortune ? Est-ce qu'un homme de cœur, tant qu'il peut travailler, doit accepter l'aumône ? Comment alors voulez-vous qu'ils l'acceptent ?

L'aumône, c'est le signe de la défaite du travailleur.

L'homme de courage ne veut être vaincu dans aucune sorte de lutte. Il doit aspirer à la victoire toujours et partout.

Le peuple de Paris, le peuple de France aime la lutte et la victoire partout, même dans le travail. Comment voudrait-il du communisme, qui est le partage de la conquête d'autrui, le partage du fruit de la victoire, sans avoir combattu?

Oui, je le répète, le peuple aime la victoire et la lutte partout : il l'aimera dans le travail. Mais aujourd'hui il la veut à armes égales. Il ne veut plus être dans la nécessité de combattre avec des adversaires qui ont tous les avantages du combat; il ne veut plus combattre avec des adversaires qui se défendent avec des armes trop avantageuses et presque toujours frauduleuses. Que dis-je? souvent il n'a pas même pu recevoir le combat dans ces conditions; souvent il a dû mourir sans pouvoir combattre, ou bien enlever les armes à ses adversaires. Combien de malheureux ne sont-ils pas morts de faim? combien n'ont-ils pas été poussés au crime par la misère? Il faut que cet état finisse, et cela même dans l'intérêt de ceux qui sont riches aujourd'hui. Qui leur assure, en effet, la durée de leur fortune?

Ce qu'il faut en ce moment, c'est le droit de tous au travail, et la possibilité en travaillant d'arriver au bien-être. Comment y arrivera-t-on ? En dirigeant les forces et l'intelligence des citoyens vers la production des choses de première nécessité, mais cela sans négliger les besoins du luxe : c'est encore une nécessité relative qu'il faut satisfaire. Personne aujourd'hui ne refusera de marcher vers ce but. Dans la campagne désormais on pourra aimer l'agriculture ; dans les villes, l'industrie et le commerce. Les agriculteurs, les producteurs, à l'avenir, ne pourront pas seulement être utiles au pays en lui fournissant les choses nécessaires à la vie, mais encore en devenant des hommes capables dans l'administration de la république. Qui dédaignerait désormais une situation pareille ?

La jeunesse dorénavant ne dédaignera plus les champs et l'industrie, si elle sait que là elle trouvera de jeunes citoyens également instruits et tous appelés à l'exercice des mêmes droits.

Ce n'étaient pas les champs ni l'industrie qu'on fuyait, mais la privation de toutes les satisfactions intellectuelles, mais la privation de tous les droits civiques dont souffraient les simples agriculteurs et les ouvriers. Honoré et glorifié, le travail sera recherché par tous :

la gloire alors conduira à l'abondance et la richesse gé-
nérale à la paix.

Ces choses ne sont pas impossibles, si l'on fait un
appel loyal au pays ; mais, plus de favoritisme, que le
népotisme cesse, que l'on dépouille aussi l'amour
égoïste de la famille sur l'autel de la patrie. Le choix
des administrateurs du pays plus que jamais doit être
fait parmi les hommes capables. Qu'on ne consulte
donc désormais dans ce choix que l'intérêt du pays.
Avant d'être ami et père de famille, que l'on soit citoyen ; c'est le moyen le plus sûr d'arriver à goûter les
douceurs de la famille et de l'amitié. L'ami incapable
qui vous demande un poste mieux occupé par un autre
citoyen trahit la république. Combien ne lui sera-t-il
pas facile alors de vous trahir vous-même? Le désinté-
ressement et la dignité sont les marques d'un grand
cœur. Celui qui ne peut compter sur les sentiments d'un
cœur haut et digne n'a pas d'ami. Que ceux qui sont
poussés par une ambition légitime cherchent, par de no-
bles actes, à montrer qu'ils sont dignes d'être placés au
rang des premiers ouvriers de la République. Ils ne
peuvent, sans cela, venir prendre les honneurs et les
avantages d'une position qui ne leur appartient pas :
ce serait prendre le bien d'un autre citoyen et celui de

la République tout ensemble. Voilà ce qu'il faut empêcher. Redoutons les héros de la dernière heure : même sous la République , avec des hommes pareils, on retournera promptement à l'état ancien. Que les hommes de cœur veillent et rendent à jamais ce retour impossible. Désormais ne faisons la guerre qu'aux fainéants et aux fripons ; elle sera longue peut-être , car ces nouveaux ennemis sont nombreux : il en est de tant de sortes !

Plus d'autres guerres. Il faut aujourd'hui de la fraternité ! Plus de conquêtes, si ce n'est celles que nous ferons par le spectacle glorieux que nous allons donner au monde. Que les hommes qui sont provisoirement à la tête de la nation comprennent leur mission ; elle est aussi grande, aussi sainte qu'elle est redoutable. Ils sont appelés à préparer un monde nouveau , qu'ils deviennent eux-mêmes des hommes nouveaux. Ce n'est pas seulement une révolution dans la forme du gouvernement, tout en conservant les mêmes hommes, le même égoïsme et les mêmes cupidités de l'état ancien , que nous voulons. Non. S'ils ne nous préparaient qu'un pareil changement, ils seraient comme ceux qui les ont précédés, coupables de haute trahison ! Ce que nous voulons, c'est une révolution dans l'organisation sociale :

ce que nous voulons, c'est une société nouvelle, basée sur la fraternité universelle. Mais nous voulons cette révolution sans violence. Nous ne voulons pas entrer par la force dans l'ancienne famille humaine dont nous étions exclus. Nous voulons nous faire adopter par elle en montrant que nous en sommes dignes. Nous pratiquerons nous-mêmes ainsi les principes de la fraternité !

Nous ne voulons pas que ceux qui possèdent la fortune nous la donnent en partie. Non, non! nous la refuserions : nous avons aussi la nôtre. La Providence a donné au peuple des trésors d'activité, d'intelligence et de courage. Pendant que vous amassiez les richesses matérielles, nous nous emparions de biens plus magnifiques, de biens impérissables. Échanger nos richesses, voilà ce que nous voulons. Ce que nous ne voulons plus, c'est l'échange frauduleux d'une somme énorme de nos richesses contre une faible quantité des vôtres. Produisons tous, et échangeons librement, équitablement, généreusement; faisons comme des frères, et non comme des adversaires et des ennemis. Que ceux qui ne pourront pas suffisamment produire dans cette lutte pleine de gloire et de générosité soient secourus par les autres : que le vaincu soit relevé après sa défaite. Fra-

ternité et charité, voila désormais la devise de la France,
et bientôt celle du monde entier. Que l'avenir est beau !
il est plein de magnifiques splendeurs. Les hommes
qui sont aujourd'hui à la tête de la République aper-
çoivent cette aurore naissante !..... Aidons-les de nos
efforts; soyons pleins de confiance dans leur vigueur,
leur intelligence et leur dévouement : nous augmente-
rons encore leurs forces. Le pays par le pays !

Vive la République!

Gloire et honneur aux combattants de février !

Gloire et honneur au Gouvernement provisoire !

C. A. DANDRAUT,

AVOCAT.

Vendredi, 25 février 1848.